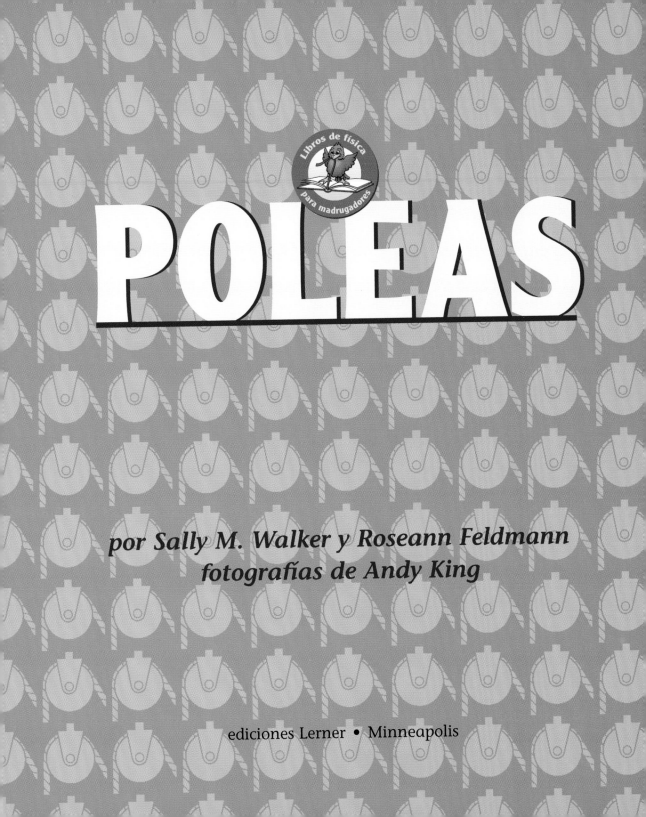

POLEAS

por Sally M. Walker y Roseann Feldmann
fotografías de Andy King

ediciones Lerner • Minneapolis

Para Beth Hirsch, amiga de siempre, ¡aun cuando no me acuerdo! —RF

La editorial agradece al programa Minneapolis Kids por su ayuda en la preparación de este libro.

Fotografías adicionales reproducidas con la autorización de: © Kevin Schafer / Corbis, pág. 30; © James P. Blair / Corbis, pág. 38; © M. Bryan Ginsberg, pág. 43.

La edición en español fue realizada por un equipo de traductores nativos de español de translations.com, empresa mundial dedicada a la traducción.

ediciones Lerner
Una división de Lerner Publishing Group
241 First Avenue North
Minneapolis, MN 55401 EUA

Dirección de Internet: www.lernerbooks.com

Library of Congress Cataloging-in-Publication Data

Walker, Sally M.
 [Pulleys. Spanish]
 Poleas / por Sally M. Walker y Roseann Feldmann ; fotografías de Andy King.
  p. cm. – (Libros de física para madrugadores)
 Includes index.
 ISBN-13: 978–0–8225–2980–4 (lib. bdg. : alk. paper)
 ISBN-10: 0–8225–2980–7 (lib. bdg. : alk. paper)
 1. Pulleys—Juvenile literature. 2. Pulleys. I. Feldmann, Roseann. II. King, Andy, ill. III. Title.
TJ1103.W3518 2006
621.8—dc22   2005007900

Fabricado en los Estados Unidos de América
1 2 3 4 5 6 – JR – 11 10 09 08 07 06

CONTENIDO

DETECTIVE DE PALABRAS

¿Puedes encontrar estas palabras mientras lees sobre poleas?
Conviértete en detective y trata de averiguar qué significan.
Si necesitas ayuda, puedes consultar el glosario de la página 46.

carga

fuerza

fricción

gravedad

máquinas complejas

máquinas simples

polea

polea compuesta

polea fija

polea móvil

trabajo

Comer una manzana es trabajo. ¿Qué significa la palabra "trabajo" para los científicos?

Capítulo 1

TRABAJO

Trabajas todos los días. Cuando levantas la persiana de la ventana, estás trabajando. ¡Jugar y comer golosinas también son trabajo!

Cuando los científicos usan la palabra "trabajo", no se refieren a lo opuesto de "juego". El trabajo es aplicar una fuerza para mover un objeto. Una fuerza es tirar o empujar. Aplicas una fuerza para jugar, comer y realizar tareas.

¡Trabajas cuando juegas a las cartas!

Estos niños mueven arena de un lugar a otro. Están haciendo un trabajo.

Cada vez que tu fuerza mueve un objeto, haces un trabajo. No importa cuán lejos se haya movido el objeto. Si se mueve, se ha hecho un trabajo. Si el objeto no se mueve, no has hecho ningún trabajo. No importa cuánto te hayas esforzado.

Este niño empuja una casa con toda su fuerza, pero no la puede mover. Por lo tanto, no está haciendo trabajo.

Las grúas son máquinas que tienen muchas partes móviles. ¿Cómo se llama este tipo de máquina?

Capítulo 2

MÁQUINAS

La mayoría de las personas quieren que el trabajo se realice fácil. Las máquinas son herramientas que facilitan el trabajo. Algunas también hacen que sea más rápido.

Unas máquinas tienen muchas partes móviles y se conocen como máquinas complejas. Las grúas y los automóviles son máquinas complejas.

Esta niña usa una máquina simple para abrir la persiana de la ventana.

Algunas máquinas tienen pocas partes móviles y se conocen como máquinas simples. Hay máquinas simples en todas las casas, escuelas y patios de juegos. Son tan simples que la mayoría de la gente no se da cuenta de que son máquinas.

11

Es difícil levantar una caja. ¿Por qué es más fácil bajarla al piso?

Capítulo 3

GRAVEDAD

Las máquinas simples facilitan el trabajo. Algunas lo hacen cambiando la dirección de la fuerza. Tirar hacia arriba es difícil. Tirar hacia abajo es mucho más fácil, ya que la gravedad te ayuda. La gravedad es la fuerza que atrae todo hacia la superficie de la Tierra.

Algunas máquinas simples convierten una
fuerza ascendente en una fuerza descendente hacia
abajo. Estas máquinas facilitan mucho el trabajo.

Cuando dejas caer un libro, la gravedad lo
atrae al suelo. El libro permanece allí hasta que
una fuerza mayor lo mueva.

*La gravedad atrae
el libro hacia el
piso.*

La gravedad hace que levantar un libro pesado sea difícil.

Coloca un libro pesado en el suelo. Ahora levántalo y ponlo en la mesa. Es difícil levantar el libro. Debes usar mucha fuerza. La fuerza para levantar el libro debe ser mayor que la atracción de la gravedad.

Coloca el libro de vuelta en el suelo. Es mucho más fácil bajar el libro que levantarlo. Cuando bajas el libro, la gravedad te ayuda.

Si la fuerza tiene la misma dirección que la gravedad, el trabajo es más fácil. Esto se puede comprobar. Necesitarás un destornillador, una lata de refresco vacía, algunas piedras pequeñas o arena, un clip grande para papel y un cordel de 4 pies de largo.

Puedes usar estos objetos para experimentar con la gravedad.

Levanta el anillo de la lata, pero sin quitarlo. Luego llena la lata con piedras.

   Dobla el anillo hasta que apunte hacia arriba. Llena la lata con piedras o arena. Luego, engancha el clip en el anillo. Ata un extremo del cordel para formar un lazo. El lazo debe ser lo suficientemente grande para meter la mano. Engancha el lazo al clip. Ahora coloca la lata en el suelo. Sostén el cordel. Tira del cordel para levantar la lata y ponerla en la mesa. Debes usar mucha fuerza para levantar la lata. ¿Cuánta fuerza debes usar?

Sostén el cordel y levanta la lata para ponerla sobre la mesa.

Esta lata es igual a la tuya. Está colgada de una báscula de resorte. Este tipo de báscula mide la fuerza. La báscula de resorte mide la fuerza que la niña usa para levantar la lata. Usa aproximadamente 6 unidades de fuerza.

Ahora pon el destornillador sobre la mesa. Colócalo de manera que el mango quede sobre la mesa y el vástago quede fuera del borde. Pídele a un amigo que sostenga el mango para que no se mueva. Pon la lata en el suelo, debajo del destornillador.

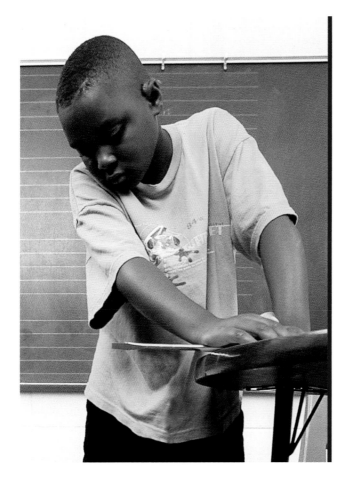

El vástago del destornillador debe quedar fuera del borde de la mesa.

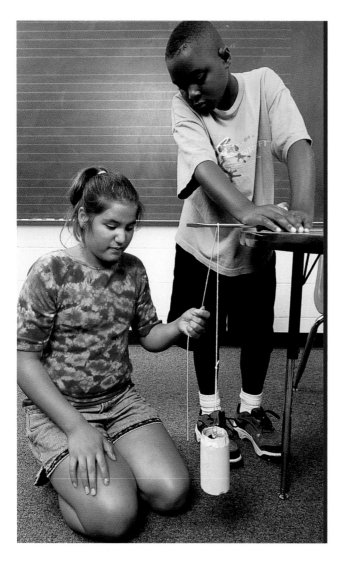

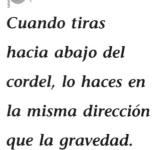

Cuando tiras hacia abajo del cordel, lo haces en la misma dirección que la gravedad.

Pasa el cordel sobre el vástago del destornillador. Cuando tiras hacia abajo del cordel, la lata sube. La lata se mueve la misma distancia que cuando tirabas hacia arriba.

Sin embargo, tu brazo ahora se mueve en la misma dirección que la gravedad. Eso facilita el trabajo.

Se necesitan aproximadamente 6 unidades de fuerza para levantar la lata. La fuerza es la misma que cuando la otra niña levantaba la lata tirando hacia arriba. Sin embargo, el trabajo de esta niña es más fácil porque está tirando hacia abajo, en la misma dirección que la gravedad.

Cuando tiras del cordel, éste roza el destornillador. ¿Qué clase de fuerza hace?

Capítulo 4
FRICCIÓN

Levanta y baja la lata varias veces. Observa cómo el cordel roza el vástago del destornillador. El roce entre el cordel y el destornillador produce fricción. La fricción es una fuerza que frena o detiene objetos en movimiento. La fricción hace que la lata se mueva más despacio. Si hubiera menos fricción, la lata se elevaría más rápido.

Si levantas y bajas la lata muchas veces, el cordel comenzará a desgastarse. Esto sucede debido a la fricción.

La fricción hace que sea difícil deslizar una caja pesada por la acera.

Si hubiera menos fricción, el cordel no se desgastaría tan rápidamente. ¿Cómo puedes reducir la fricción entre el destornillador y el cordel? Una excelente manera de reducir la fricción es añadiendo una rueda que gire. Puedes construir esta rueda con un carrete y una cinta elástica.

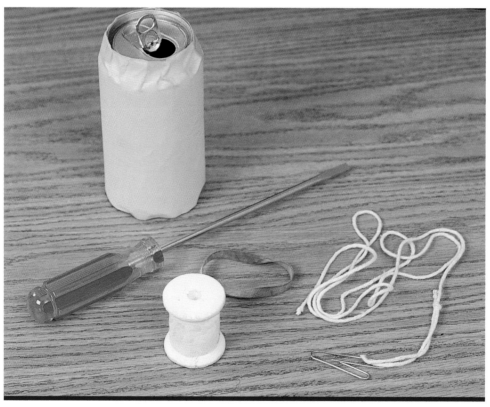

Puedes usar estos objetos para experimentar con ruedas.

Asegúrate de que el carrete gire fácilmente en el vástago del destornillador.

Coloca el carrete en el vástago del destornillador. Enrolla la cinta elástica alrededor de la punta del destornillador. De esta manera, el carrete no se saldrá. El carrete se ha convertido en una rueda. Se llama rueda acanalada porque tiene bordes a cada lado que forman un surco en el medio. La rueda gira fácilmente porque hay poca fricción entre el carrete y el destornillador.

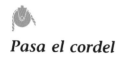

Pasa el cordel
sobre el carrete.

Coloca el destornillador de vuelta en la mesa.
Pídele a un amigo que lo sostenga. El vástago del
destornillador y la rueda deben quedar fuera del borde
de la mesa. Pon la lata en el suelo, debajo del
destornillador. Esta vez, pasa el cordel sobre el carrete.

Tira del cordel hacia abajo. Tanto la rueda como el cordel se mueven. Hay muy poca fricción. La lata sube muy rápido. Dado que tanto la rueda como el cordel se mueven, el cordel roza menos y no se desgastará rápidamente.

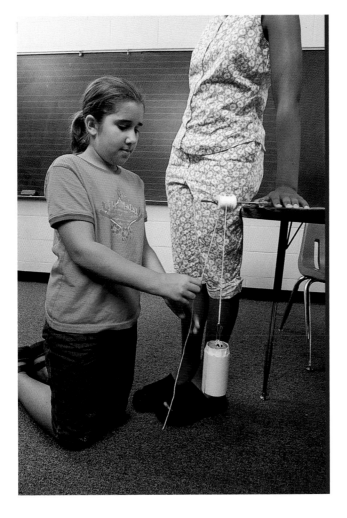

El carrete evita que el cordel roce el destornillador.

¡Has construido una máquina simple que se llama polea! ¿Qué tipo de polea construiste?

Capítulo 5

TIPOS DE POLEAS

Al pasar el cordel sobre el carrete, hiciste una polea. Una polea es una máquina simple. Un extremo del cordel está atado a la lata llena de piedras. La lata es la carga de la polea.

La carga es el objeto que deseas mover. La rueda de la polea es acanalada. El surco evita que el cordel se salga de la rueda.

La polea que hiciste se llama polea fija. Una polea fija se mantiene en un mismo lugar. No se mueve.

Un asta tiene una polea fija en la punta. La bandera está atada a una cuerda. La cuerda pasa por la polea. Cuando tiras de uno de los extremos de la cuerda, la bandera sube. Usar una polea fija para izar la bandera facilita el trabajo.

Un asta tiene una polea fija en la punta.

Otro tipo de polea se llama polea móvil. Una polea móvil no se mantiene fija en un lugar, sino que está unida a la carga. Cuando la carga se mueve, la polea también lo hace. Con una polea móvil usas menos fuerza que con una polea fija. Esto facilita el trabajo.

Esta mujer está sostenida por una polea móvil. La polea se mueve con ella mientras se desliza por el cable.

Puedes hacer una polea móvil con un carrete, o bobina, de máquina de coser, dos clips grandes para papel, una pajilla, y la lata y el cordel que usaste antes.

Una bobina es una rueda acanalada. Coloca la bobina en la pajilla. Asegúrate de que gire fácilmente.

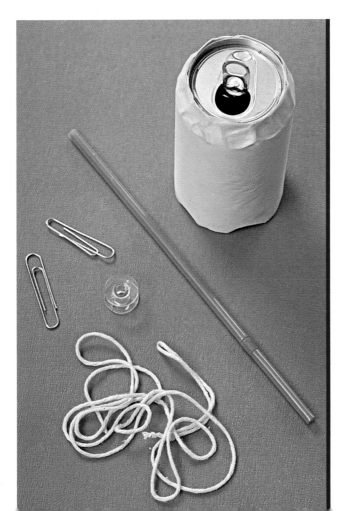

Puedes usar estos objetos para construir una polea móvil.

Engancha ambos clips al anillo de la lata.
Desliza un clip por uno de los extremos de la
pajilla. Desliza el otro clip por el extremo opuesto.
La bobina debe quedar entre ambos clips.

Envuelve los dos
extremos de la
pajilla con cinta
adhesiva. De esta
manera, la bobina
y los clips no se
saldrán.

Hay un lazo en el extremo del cordel. Colócalo en la manija de la puerta. Pasa el otro extremo del cordel alrededor de la bobina. La bobina se ha convertido en una polea móvil. Tira del cordel suavemente hacia arriba hasta que comiences a levantar la polea y la lata.

Tira hacia arriba del cordel para elevar la carga.

Sube el extremo del cordel hasta la manija de la puerta. Observa cómo la polea rueda por el cordel. La carga se mueve junto con la polea móvil. Es fácil levantar la carga con esta polea.

En una polea móvil, la polea y la carga se mueven juntas.

¿Recuerdas cuando levantaste la carga con la polea fija? Usaste aproximadamente 6 unidades de fuerza.

Piensa en las pruebas anteriores. Primero, levantaste la lata directamente hacia arriba. Luego tiraste hacia abajo cuando usaste la polea fija. La polea fija es la que el otro niño mantenía en su lugar. En ambas ocasiones, la carga estaba unida a un extremo del cordel y tirabas del extremo opuesto del cordel. Al tirar, la carga subía. En ambos casos, tú levantabas todo el peso de la carga. Usabas mucha fuerza.

Con una polea móvil, usas menos fuerza para tirar hacia arriba que para tirar hacia abajo con una polea fija. ¿Por qué necesitas menos fuerza con la polea móvil?

Con la polea móvil usas menos fuerza. Esta niña usa aproximadamente 3 unidades de fuerza para levantar la carga.

Usas menos fuerza para levantar la carga porque la manija de la puerta sostiene parte del peso de la carga.

Observa de nuevo la polea móvil. La lata no está enganchada al extremo del cordel. El extremo del cordel está unido a la manija de la puerta. Levanta la carga otra vez. Tú no sostienes toda la carga. ¿Qué es lo que te ayuda a sostenerla? La manija de la puerta. Usas menos fuerza porque la manija de la puerta sostiene parte del peso de la carga. El trabajo se realiza más fácil porque levantas menos peso.

Éstas son poleas compuestas. Una polea compuesta también se llama aparejo de poleas.

Puedes hacer que tu trabajo sea aun más fácil si usas una polea compuesta. Una polea compuesta es un conjunto de dos o más poleas que trabajan juntas. Puedes construir una polea compuesta. Sólo necesitas agregar una polea fija a la polea móvil.

Ya hiciste una polea fija. Es el destornillador con el carrete. Coloca el mango del destornillador sobre la manija de la puerta. Pídele a un amigo que sostenga ambos extremos del destornillador.

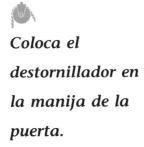

Coloca el destornillador en la manija de la puerta.

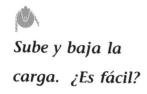

Pasa el cordel por la polea móvil. Luego pasa
el extremo suelto por la polea fija. Es muy fácil
subir y bajar la carga. La polea fija te permite
tirar hacia abajo, en la misma dirección que la

gravedad. Además, la polea móvil hace que la manija de la puerta sostenga parte del peso de la carga.

Todavía estás usando unas 3 unidades de fuerza para levantar la carga. Sin embargo, la polea compuesta hace que el trabajo sea más fácil, ya que estás tirando hacia abajo, en la misma dirección que la gravedad.

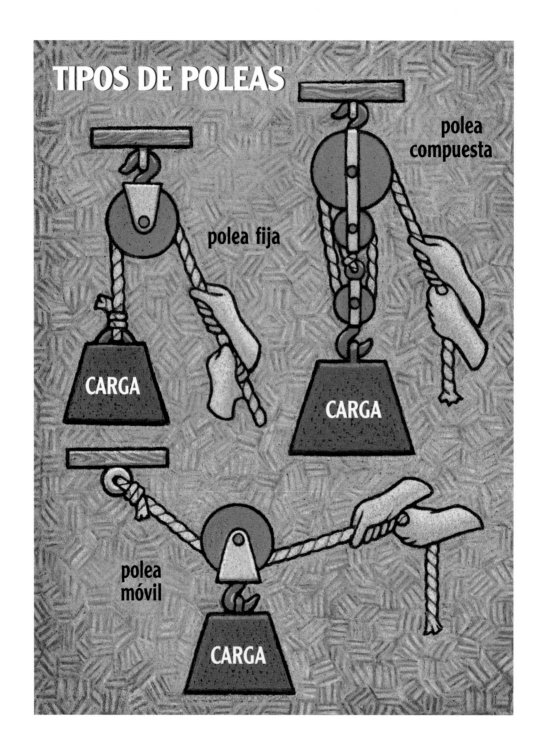

TIPOS DE POLEAS

polea fija

polea compuesta

polea móvil

CARGA

CARGA

CARGA

Has aprendido mucho sobre poleas. Algunas cambian la dirección de la fuerza. Otras te permiten usar menos fuerza.

Las poleas te dan una ventaja. Una ventaja es una mejor oportunidad de realizar tu trabajo. Usar una polea es como tener un ayudante. El trabajo es más fácil, y eso es una gran ventaja.

Este tendedero tiene una polea fija en cada extremo. Ambas están unidas al edificio.

SOBRE COMPARTIR UN LIBRO

Al compartir un libro con un niño, le demuestra que leer es importante. Para aprovechar al máximo la experiencia, lean en un lugar cómodo y silencioso. Apaguen el televisor y eviten otras distracciones, como el teléfono. Estén preparados para comenzar lentamente. Túrnense para leer distintas partes del libro. Deténganse de vez en cuando para hablar de lo que están leyendo. Hablen sobre las fotografías. Si el niño comienza a perder interés, dejen de leer. Cuando retomen el libro, repasen las partes que ya han leído.

Detective de palabras
La lista de palabras de la página 5 contiene palabras que son importantes para entender el tema de este libro. Conviértanse en detectives de palabras y búsquenlas mientras leen juntos el libro. Hablen sobre el significado de las palabras y cómo se usan en la oración. ¿Alguna de estas palabras tiene más de un significado? Las palabras están definidas en un glosario en la página 46.

¿Qué tal unas preguntas?
Use preguntas para asegurarse de que el niño entienda la información de este libro. He aquí algunas sugerencias:

> ¿Qué nos dice este párrafo? ¿Qué muestra la imagen? ¿Qué crees que aprenderemos ahora? ¿Qué es una fuerza? ¿Cuál es la diferencia entre las máquinas simples y las complejas? ¿Qué clase de fuerza atrae los objetos a la tierra? ¿Qué clase de fuerza frena o detiene los objetos en movimiento? ¿Cómo ayudan las poleas a las personas? ¿Cuántos tipos de poleas hay? ¿Cuál es tu parte favorita del libro? ¿Por qué?

Si el niño tiene preguntas, no dude en responder con otras preguntas, tales como: ¿Qué crees? ¿Por qué? ¿Qué es lo que no sabes? Si el niño no recuerda algunos hechos, consulten el índice.

Presentación del índice
El índice ayuda a los lectores a encontrar información sin tener que revisar todo el libro. Consulte el índice de la página 47. Elija una entrada, por ejemplo *gravedad*, y pídale al niño que use el índice para averiguar si tirar en la misma dirección que la gravedad facilita el trabajo. Repita este proceso con todas las entradas que desee. Pídale al niño que señale las diferencias entre un índice y un glosario. (El índice ayuda a los lectores a encontrar información, mientras que el glosario explica el significado de las palabras.)

MÁQUINAS SIMPLES

Libros

Baker, Wendy y Andrew Haslam. *Machines*. Nueva York: Two-Can Publishing Ltd., 1993. Este libro ofrece muchas actividades educativas y divertidas para explorar las máquinas simples.

Burnie, David. *Machines: How They Work*. Nueva York: Dorling Kindersley, 1994. Comenzando por descripciones de máquinas simples, Burnie explora las máquinas complejas y cómo funcionan.

Hodge, Deborah. *Simple Machines*. Toronto: Kids Can Press Ltd., 1998. Esta colección de experimentos muestra a los lectores cómo construir sus propias máquinas simples con artículos domésticos.

Van Cleave, Janice. *Janice Van Cleave's Machines: Mind-boggling Experiments You Can Turn into Science Fair Projects*. Nueva York: John Wiley & Sons, Inc., 1993. Van Cleave anima a los lectores a usar experimentos para explorar cómo las máquinas simples facilitan el trabajo.

Ward, Alan. *Machines at Work*. Nueva York: Franklin Watts, 1993. Este libro describe a las máquinas simples y presenta el concepto de máquinas complejas. Contiene muchos experimentos útiles.

Woods, Michael y Mary B. Woods. *Ancient Machines*. Minneapolis: Runestone Press, 2000. Mediante fotografías y explicaciones exhaustivas, este libro explora la invención de las seis máquinas simples en diversas civilizaciones antiguas. También muestra cómo estas máquinas son la base de todas las máquinas complejas.

Sitios Web

Simple Machines
http://sln.fi.edu/qa97/spotlight3/spotlight3.html Este sitio presenta información breve sobre las seis máquinas simples, provee vínculos útiles relacionados con cada una de ellas e incluye experimentos para algunas.

Simple Machines—Basic Quiz
http://www.quia.com/tq/101964.html Este desafiante cuestionario interactivo permite a los nuevos físicos probar sus conocimientos sobre el trabajo y las máquinas simples.

GLOSARIO

carga: objeto que se desea mover

fricción: fuerza producida cuando dos objetos se rozan

fuerza: tirar o empujar

gravedad: fuerza que atrae todo hacia la Tierra

máquinas complejas: máquinas que tienen muchas partes móviles

máquinas simples: máquinas que tienen pocas partes móviles

polea: rueda que tiene una cuerda a su alrededor. La cuerda encaja en un surco que rodea el borde de la rueda.

polea compuesta: dos o más poleas que trabajan juntas

polea fija: polea que se mantiene inmóvil en un lugar

polea móvil: polea que está unida a la carga

trabajo: mover un objeto de un lugar a otro

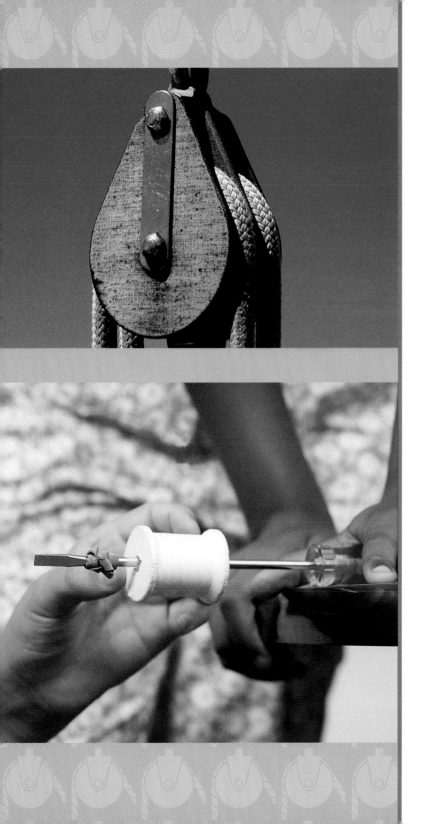

ÍNDICE

Las páginas indicadas en **negritas** hacen referencia a fotografías.

Acerca de los autores

Sally M. Walker es autora de muchos libros para lectores jóvenes. Cuando no está investigando o escribiendo sus libros, la Sra. Walker trabaja como asesora de literatura infantil. Ha enseñado literatura infantil en la Universidad del Norte de Illinois y ha hecho presentaciones en muchas conferencias sobre lectura. Sally vive en Illinois con su esposo y sus dos hijos.

Roseann Feldmann obtuvo una licenciatura en biología, química y educación en la Universidad de St. Francis y una maestría en educación en la Universidad del Norte de Illinois. En el área de la educación, ha sido maestra, instructora universitaria, autora de planes de estudio y administradora. Actualmente vive en Illinois, con su esposo y sus dos hijos, en una casa rodeada por seis acres llenos de árboles.

Acerca del fotógrafo

Andy King, fotógrafo independiente, vive en St. Paul, Minnesota, con su esposa y su hija. Andy se ha desempeñado como fotógrafo editorial y ha completado varias obras para Lerner Publishing Group. También ha realizado fotografía comercial. En su tiempo libre, juega al básquetbol, pasea en su bicicleta de montaña y toma fotografías de su hija.

CONVERSIONES MÉTRICAS

CUANDO ENCUENTRES:	MULTIPLICA POR:	PARA CALCULAR:
millas	1.609	kilómetros
pies	0.3048	metros
pulgadas	2.54	centímetros
galones	3.787	litros
toneladas	0.907	toneladas métricas
libras	0.454	kilogramos